搜索：多彩生态

地理江湖 给孩子的地理通关秘籍

米莱童书 著/绘

北京理工大学出版社
BEIJING INSTITUTE OF TECHNOLOGY PRESS

版权专有　侵权必究

图书在版编目（CIP）数据

地理江湖：给孩子的地理通关秘籍：全7册 / 米莱
童书著绘. -- 北京：北京理工大学出版社，2024.3（2025.5重印）
ISBN 978-7-5763-3203-2

Ⅰ.①地… Ⅱ.①米… Ⅲ.①地理学—少儿读物
Ⅳ.① K90-49

中国国家版本馆 CIP 数据核字 (2023) 第 239424 号

责任编辑 / 张　萌　　文案编辑 / 张秀婷
责任校对 / 刘亚男　　责任印制 / 王美丽

出版发行 / 北京理工大学出版社有限责任公司
社　　址 / 北京市丰台区四合庄路 6 号
邮　　编 / 100070
电　　话 / (010) 82563891（童书售后服务热线）
网　　址 / http://www.bitpress.com.cn

版 印 次 / 2025 年 5 月第 1 版第 7 次印刷
印　　刷 / 朗翔印刷(天津)有限公司
开　　本 / 710 mm × 1000 mm　1/16
印　　张 / 21
字　　数 / 560 千字
定　　价 / 200.00 元
审 图 号 / 京审字（2023）G 第 2738 号

图书出现印装质量问题，请拨打售后服务热线，负责调换

序

公元 208 年，一场大火在长江中下游的赤壁附近烧了起来，这就是孙刘联军大破曹军的赤壁之战。《三国演义》中提到，周瑜火烧赤壁，需要东风的助力，而诸葛亮断言三天之后必有东风。于是他设坛施法，果然在三天后借来了东风。那诸葛亮真的会施法吗？他为什么能"借"东风呢？

其实，诸葛亮再聪明也不会施法。他能"借"来东风，就是因为他分析了当时当地的气候规律，而气候就是地理的一部分。那么，你们知道什么是地理吗？有没有觉得，我们又不需要"借"东风，为什么要学习地理呢？

中国最早的地理著作是《尚书·禹贡》，书中详细记载了天下的山脉、河流、土壤、田地、物产、道路。所以你们看，中国古人在这一方面已经有了深刻的研究和认识，地理不仅包括地球构造、气象气候，也包括人文环境和物质资源，是我们认识这个世界最直接的一门学科。你有没有疑惑过，为什么下雨天比晴天凉爽呢？为什么南方盛产水稻，而北方适合种小麦呢？其实，这些都是地理要研究的内容，无论是最基础的衣食住行，还是进阶的劳动、资源，地理从方方面面影响着我们的生活。

这套《地理江湖》从生活中最基本的现象出发，用漫画的形式给大家讲述最基础的地理学知识。我们和来自地理江湖的侠客、护法们一起出发，不仅能了解大气圈、水圈、岩石圈和生物圈的基本知识，还能看到浩瀚的太空，了解无穷的宇宙。当然啦，只有这些是不够的，地理不是一个枯燥无聊的学科，你将会在书里面看到一些有趣的小实验，或者跟着护法们制作一些可爱的小物件，你动手做的这一切，都是在强化脑海中地理学的知识内容。

当我们称赞一个人知识渊博时，总是会用到"上知天文，下知地理"。希望你们在读完这套书后，也能够获得地理学提供的这些知识，成为一个"上知天文，下知地理"的人，细细地体会这个世界的自然风光和风土人情。

于贵瑞
中国科学院院士，生态学家

荒原迷踪

地球侠客队长真的会去这些地方吗?生命能量又是什么?

无论怎么说,这也是一条线索。

虽然不知道队长的计划是什么,但我推测他接下来应该会到这些还没打钩的地点去。

生命能量地点

- ☑ 北达科他州
- ☑ 菲律宾玛雅农场
- ☑ 康沃尔郡
- ☐ 江南丘陵
- ☐ 四川盆地
- ☐ 青藏高原
- ☐ 吐鲁番盆地
- ⚠ ☐ 黄土高原 紧急!
- ☐ 三江平原

这些地点分布得好广啊……

06

地理观象台

哼哼,你也有不懂的时候吧,这次多亏了我!

你懂这么多,一定知道黄土高原的黄土是怎么来的吧?

那当然!

"风成说"是现在最被人们认同的假说。

黄土的老家在中亚、蒙古高原和中国西北部的内陆地区。

这些地方气候干旱,地面的岩石在风化作用下不断破碎,成为粗细不等的颗粒。

而较细小的颗粒则随着大风东移南下,当风力减弱或遇到山脉阻挡时,便纷纷扬扬地降落下来。

较粗的颗粒形成了戈壁和沙漠。

经过几百万年的不断积累,就形成了今天的黄土高原。

江湖往事

黄土高原上蕴藏着丰富的煤炭资源,因此也被称为"乌金高原"。西汉时期,山西地区的人们已开始采煤。到了隋唐时期,煤炭广泛融入人们的日常生活中。晋阳(今太原)县令王劭曾说:"今温酒及炙肉用石炭火。"这说明当时的太原人已广泛使用煤炭。宋代,煤炭的大规模开采和使用促进了冶铁业的发展。到了明代,著名科学家宋应星在《天工开物》中对煤的种类、找煤的方法以及采煤的技术都进行了记载,甚至还介绍了排除瓦斯、防止塌陷的措施。

江湖往事

顾渚山位于浙江湖州，地处江南丘陵一带。被誉为「茶圣」的唐代茶学家陆羽曾临此山，在其所撰写的《茶经》中将山中所产紫笋茶列为「茶中第一」，并辗转推荐为贡茶。尔后，陆羽又写下两篇《顾渚山记》，并与友人在顾渚山修建了茶园。而顾渚紫笋自唐朝广德年间始为贡茶，直至明朝才被「罢贡」，茶香弥漫了六百多年。

地理观象台

如果这里不是沙漠，就不会这么炎热、干旱了吧……

正是因为这里炎热干旱，才会形成沙漠啊。

大部分植物无法在这样的气候中生存，而植物的减少使土壤也干燥疏松，容易被风吹走。

土壤下的岩石裸露出来，在外力的作用下风化。

只有硬度高、不易发生化学反应的石英混着黄色杂质留存了下来，就这样形成了大片黄色的沙漠。

组成黄沙的原材料石英是地球表面分布最广的矿物质之一，很多环境恶化的地方都有可能发生土地荒漠化。

保护环境是很重要的！

江湖往事

西域古国高昌位于吐鲁番盆地。唐代名将侯君集在征服高昌后，带回了那里的酿酒方法。唐太宗十分高兴，对这个方法略加改造，酿制了有八种成色的名酒。朝廷中的官员品尝后赞不绝口。从此以后，吐鲁番盆地酿造的葡萄酒便作为贡品，不远千里送到中原。吐鲁番市也在中国历史上享有中国葡萄圣城的美誉。

地理观象台

那我们该从什么时候开始保护湿地环境呢？

如果你受伤了，到什么程度才开始治疗呢？

就算是擦伤也该马上处理，万一发炎就麻烦了！

对自然环境也是一样的。

如果人类利用自然资源和排放废物的频率过高且数量过多，又没有及时补救，大自然的"身体状况"便会越来越糟，最终难以承受，从而产生严重的后果。

所以，我们应该随时有保护自然环境的意识，不能等到自然敲响警钟，要从眼下开始行动。

人类获取自然的馈赠，要控制在环境允许的范围内，还不能忘记回报自然，这样才能实现长久的可持续发展。

江湖往事

《国语》中记载，鲁国有禁止百姓在鱼类繁殖期捕鱼和禁止砍树的新枝的规定。管子和孟子也曾告诫人们要保护山林，不可过度砍伐。秦朝将军蒙恬曾在北方边塞种植大批榆树，形成一条"绿色长城"。北魏时期，宣武帝将禁止屠杀怀孕的母兽确立为永久的制度。

可见，古人已经具有保护环境和可持续发展的意识。

生态系统指的是某个地方所有生物和它们生存的环境构成的整体。

地理观象台

在开始正式改造前，我们先制作生态瓶来练习一下吧！

① 洗干净一个空瓶子和一些沙子。

水要来自自然水域哦。若能顺便捞到一些小鱼、小虾就更好了。

② 在瓶内装入四分之一的沙子和四分之三的水。

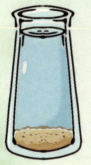

③ 用镊子夹取一两根水草，让水草的根埋入沙子中。

④ 把小鱼、小虾放进去。

要把瓶子放在阳光充足的地方。

江湖往事

人们不仅从自然中获得了可供生存的食物和工具，也从各种自然现象中得到了许多启示，从而出现了许多了不起的发明。比如，人们看到叶片、树干在水上漂浮，发明了木筏；生活在中国黄河流域的人们还会使用一种用动物皮制作的船——羊皮筏子；春秋时期的发明家公输班还根据芒草的锯齿形状发明了锯子。

苍蝇的复眼是由千万只小眼组成的，每只小眼都能独立成像，迅速辨别物体的形状和大小，使眼具有突出影像边框、增加清晰度的功能。科学家们仿效苍蝇复眼中小眼的蜂窝型结构制成了用于科研的"蝇眼"照相机，每次可以拍摄1329张照片。

米莱童书

  米莱童书是由国内多位资深童书编辑、插画家组成的原创童书研发平台。旗下作品曾获得2019年度"中国好书",2019、2020年度"桂冠童书"等荣誉;创作内容多次入选"原动力"中国原创动漫出版扶持计划。作为中国新闻出版业科技与标准重点实验室(跨领域综合方向)授牌的中国青少年科普内容研发与推广基地,米莱童书一贯致力于对传统童书进行内容与形式的升级迭代,开发一流原创童书作品,适应当代中国家庭更高的阅读与学习需求。

策 划 人: 刘润东　魏诺　韩茹冰

原创编辑: 朱梦笔　梁世安

漫画绘制: Studio Yufo

专业审稿: 北京市育才中学地理教师,
　　　　　　北京市西城区骨干教师　武娜

装帧设计: 刘雅宁　张立佳　马司文　汪芝灵

游历：地貌探秘

地理江湖

给孩子的地理通关秘籍

米莱童书 著/绘

中国特殊地貌

北京理工大学出版社
BEIJING INSTITUTE OF TECHNOLOGY PRESS

版权专有　侵权必究

图书在版编目（CIP）数据

地理江湖：给孩子的地理通关秘籍：全7册/米莱
童书著绘．-- 北京：北京理工大学出版社，2024.3（2025.5重印）
　ISBN 978-7-5763-3203-2

　Ⅰ.①地… Ⅱ.①米… Ⅲ.①地理学—少儿读物
Ⅳ.① K90-49

中国国家版本馆 CIP 数据核字（2023）第 239424 号

责任编辑 / 张　萌　　文案编辑 / 张秀婷
责任校对 / 刘亚男　　责任印制 / 王美丽

出版发行 / 北京理工大学出版社有限责任公司
社　　址 / 北京市丰台区四合庄路 6 号
邮　　编 / 100070
电　　话 / (010) 82563891（童书售后服务热线）
网　　址 / http://www.bitpress.com.cn

版 印 次 / 2025 年 5 月第 1 版第 7 次印刷
印　　刷 / 朗翔印刷 (天津) 有限公司
开　　本 / 710 mm × 1000 mm　1/16
印　　张 / 21
字　　数 / 560 千字
定　　价 / 200.00 元
审 图 号 / 京审字（2023）G 第 2738 号

图书出现印装质量问题，请拨打售后服务热线，负责调换

序

公元208年，一场大火在长江中下游的赤壁附近烧了起来，这就是孙刘联军大破曹军的赤壁之战。《三国演义》中提到，周瑜火烧赤壁，需要东风的助力，而诸葛亮断言三天之后必有东风。于是他设坛施法，果然在三天后借来了东风。那诸葛亮真的会施法吗？他为什么能"借"东风呢？

其实，诸葛亮再聪明也不会施法。他能"借"来东风，就是因为他分析了当时当地的气候规律，而气候就是地理的一部分。那么，你们知道什么是地理吗？有没有觉得，我们又不需要"借"东风，为什么要学习地理呢？

中国最早的地理著作是《尚书·禹贡》，书中详细记载了天下的山脉、河流、土壤、田地、物产、道路。所以你们看，中国古人在这一方面已经有了深刻的研究和认识，地理不仅包括地球构造、气象气候，也包括人文环境和物质资源，是我们认识这个世界最直接的一门学科。你有没有疑惑过，为什么下雨天比晴天凉爽呢？为什么南方盛产水稻，而北方适合种小麦呢？其实，这些都是地理要研究的内容，无论是最基础的衣食住行，还是进阶的劳动、资源，地理从方方面面影响着我们的生活。

这套《地理江湖》从生活中最基本的现象出发，用漫画的形式给大家讲述最基础的地理学知识。我们和来自地理江湖的侠客、护法们一起出发，不仅能了解大气圈、水圈、岩石圈和生物圈的基本知识，还能看到浩瀚的太空，了解无穷的宇宙。当然啦，只有这些是不够的，地理不是一个枯燥无聊的学科，你将会在书里面看到一些有趣的小实验，或者跟着护法们制作一些可爱的小物件，你动手做的这一切，都是在强化脑海中地理学的知识内容。

当我们称赞一个人知识渊博时，总是会用到"上知天文，下知地理"。希望你们在读完这套书后，也能够获得地理学提供的这些知识，成为一个"上知天文，下知地理"的人，细细地体会这个世界的自然风光和风土人情。

于贵瑞
中国科学院院士，生态学家

鬼斧神工

万物系 3203 年 9 月 23 日

在地球上待了这么长时间，我逐渐明白了一件事，那就是我的名字对地球上的人们来说似乎太奇特了一点（虽然我很喜欢自己的名字）。

于是，为了省去一些不必要的麻烦，我给自己取了一个炫酷无比的化名——徐！侠！客！

事实证明，我的决定是对的。比如今天，当我与沈括互通姓名时，他就对我的名字赞不绝口。

哦，忘了说了，沈括是我今天新结识的朋友。

虽然这个时代的科技不甚发达，但沈括对地理的许多见解却已超出了时代的局限。一路上，我们谈天说地，颇有棋逢对手、惺惺相惜之感。

有山有水，还有知己相伴，这一天真是好不畅快！

徐侠客和沈括 于雁荡

以下是我在地球上见到的各种地形。地表的高低起伏能呈现出这么多种不同形态，地球真是迷人啊！

高原
海拔在500米以上，地势起伏不大，边缘陡峭。

丘陵
海拔为200~500米，坡度较缓。

平原
海拔在200米以下，平坦广阔。

这些地形种类在中国都出现了。中国幅员辽阔,海拔自西向东逐级降低,仿佛在大地上垒起了三个大阶梯。

这是真正的"拾级而上"!

★ 第一阶梯主要是海拔 4000 米以上的青藏高原和柴达木盆地;

★ 第二阶梯海拔多在 1000~2000 米,以高原和盆地为主;

★ 第三阶梯的海拔则在 500 米以下,包括东北平原、华北平原、东南丘陵和长江中下游平原等。

盆地
四周高、中间低的盆状地形。

山地
海拔在 500 米以上,地势起伏较大,山坡陡峭。

地球上有各种各样的地形,可是一些分类相同的地形,看上去好像也不太一样啊……

这是为什么呢?

其实,我们看到的叫作<mark>地貌</mark>,也就是各种各样的地表形态。据我观察,这个世界上有着许多千奇百怪的地貌,而它们分别是怎样形成的呢?为了找到这个答案,我可谓是上天入地,风里来雨里去……这个结论说复杂也复杂,说简单也就一句话:

地貌竟然是地球内部和外部两方面因素共同作用的结果!

内部因素

原来,地球内部的板块一直都在运动,它们在挤压或者拉伸的时候,会让地表变高或者变低,甚至直接断裂!就这样,形成了我们看到的高低不平的地形。

我们用沙盘模型来模拟地貌的形成!

水平挤压

垂直断裂

外部因素

当高低不平的地形形成之后,<mark>大气、流水、风、生物</mark>等外部因素都要过来凑凑热闹。

当河流从山谷中间穿过时,会带走谷底的沙石,水流和沙石又不断冲刷、磨损谷底,致使山谷越来越深。这就是流水的侵蚀作用,常见的V形山谷很多都是流水的杰作。

而泥沙被流水带着前进,到了河流下游地势平缓的地方,它们就会沉积下来变成平原,这也是流水的杰作。最经典的例子还得是长江中下游平原。

风也不甘示弱。在西北地区,它会吹走地表的沙子,被卷起的沙砾又磨损着地表,这种侵蚀作用让西北地区形成了大片荒凉的戈壁。

被风"搬"走的黄沙到达另一个地方后又沉积下来,最后变成了沙漠。

不过,也有凭内部因素"一己之力"形成的地貌,比如火山地貌就是由岩浆喷出地表后堆积形成的。

长白山就属于典型的火山地貌,而天池实际上是它的火山口。

长白山天池

地形组成了大地的轮廓,地貌又在轮廓上雕刻出形状。在此基础上,各种丰富多彩的自然景观应运而生。大自然的鬼斧神工令人不得不叹服。

万物系 3203 年 9 月 30 日

　　我们来到雁荡山，沿途欣赏陡峭奇险的山峰。等出了山谷，再回过头来，却看不到那些险峻的青峰、峥嵘的怪石了。原来，它们竟都是"藏"在谷中的。

　　我与沈括强强联手，一起探索原因，很快就得出了结论——这些山峰之所以仅存在于山谷中，是因为它们都是由谷中的流水侵蚀形成的。大水冲走了松软的沙土，又将留下来的石头逐渐冲刷成山峰，才使雁荡山变成今天的模样。沈括还告诉我，远在千里之外的黄土高原上也有类似的现象，那也是流水侵蚀造成的。他让我有机会一定去那里看一看。

　　我们在日落时分挥别。夕阳将他的影子投射在金黄色的大地上，逐渐拉长，再拉长，恰如谁在古卷上记下了深刻的一笔。

★ 流水的力量很强大，不但对地貌的形成起到侵蚀作用，在一些地方还起到溶蚀作用。这两个词很容易混淆，区分关键就在于有没有"溶解"这个步骤。

★ 水能溶解岩石这件事情其实也没那么不可思议。空气中的二氧化碳溶于水后会形成碳酸。而含有碳酸的水顺着岩石缝隙流入岩层，与特定的岩石中的某些成分发生化学反应，就将岩石"溶解"了，这就是溶蚀作用发生的过程。
溶蚀作用在生活中也不罕见，我们常说的"水滴石穿"就是溶蚀作用造成的现象。

★ 由水的溶蚀作用形成的地貌叫作岩溶地貌，又名喀斯特地貌。云南石林位于中国西南部的云贵高原上，它保存和展现了最多样化的喀斯特形态，被誉为"天下第一奇观"。我打算马上就去那里看看！

碧莲玉笋世界

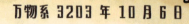
万物系 3203 年 10 月 6 日

午后在茶摊歇脚时捡到了一本小册子,翻开一看,嚯,俨然是一本喀斯特地貌的观察记录册。

册中将石灰岩称为"纯石",将石林称为"峰林",将喀斯特漏斗称为螺旋形的"洼",诸如此类,几乎囊括了各种类型的喀斯特地貌,并且对许多岩洞(我数了数,有将近三百个)的特征都做了详细的描述。不仅如此,作者还在册子里写明了这些岩洞应当是水冲刷形成的,并提出岩洞中的钟乳石是由溶解在水中的物质凝结成的。

我越看越吃惊,越看越好奇:如此详尽的喀斯特地貌记录册,到底是谁的呢?

我也不输给他!
来看看我记录的云南石林形成过程吧!

神秘的记录册

云南石林就是一种典型的喀斯特地貌。

云南石林的形成

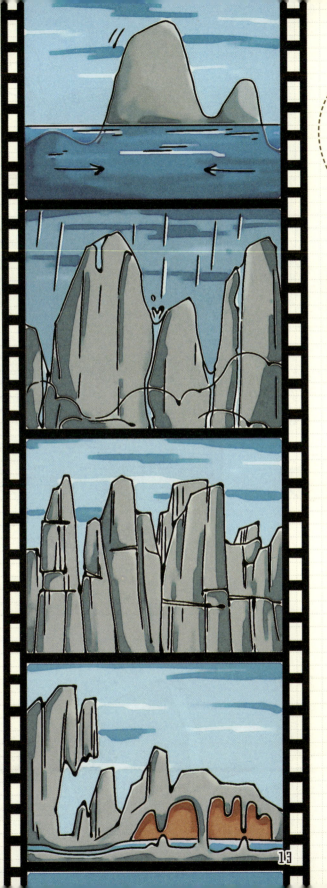

3 早在几亿年前,海底的石灰岩被地壳运动抬升到陆地上。

2 当时的气候又湿又热,每到下雨的时候,雨水都会沿着石灰岩的裂缝进行溶蚀,经年累月便将岩石切割成了林立的石柱。

1 此后又经过多次气候变迁、熔岩覆盖,以及流水侵蚀,逐渐形成了如今这些千姿百态的石柱,包括剑状、柱状、蘑菇状、塔状等。

云南石林除了具有姿态奇异的石柱外,还有暗河、溶洞、石芽、钟乳、溶蚀湖、断崖瀑布、锥状山峰等……几乎所有的喀斯特地质形态都集中在了这里,共同构成了一幅美不胜收的喀斯特地质地貌全景图。

除了云南石林,国内还有很多奇特的喀斯特地貌景观!

你见过这样的奇观吗?这可不是麦田怪圈哦。

贵州·八卦田

这是位于贵州兴义纳灰寨的一处"躺平"的喀斯特地貌——八卦田!

这里有一条**纳灰河**,它自农田中穿过,却又消失在田野中,在二十多千米外才重见天日。

遁地!

原来,纳灰河并不是在农田中消失了,而是变高调为低调,改为在地下穿行。

不巧的是,地表以下的河流发生了坍塌。

同时，地表的水流还在不停地发挥溶蚀作用，就这样，将地面塑造成了深不见底的"漏斗"。它被当地的人们称为地眼——大地的眼睛。

纳灰寨的人们以"漏斗"为中心进行农田布局，一圈又一圈的灌溉渠道在田里延伸，将田地自然切分成了奇异的"八卦"图案，便形成了如今的八卦田。

桂林·芦笛岩

俗话说"桂林山水甲天下",这甲天下的桂林山水也属于<u>喀斯特地貌景观</u>哦!这里许多山中有洞,并且号称"无洞不奇"。这之中又以芦笛岩最负盛名,素有"<u>桂林山水甲天下,芦笛美景堪最佳</u>"之称。

芦笛岩洞里的美景实在是太神秘了,我沿着地下水的踪迹寻觅,才发现了美景的形成过程。

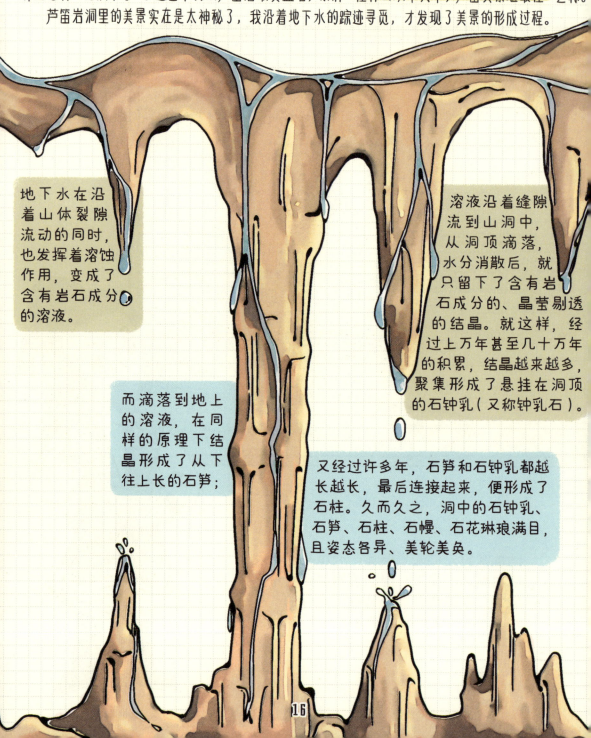

地下水在沿着山体裂隙流动的同时,也发挥着溶蚀作用,变成了含有岩石成分的溶液。

溶液沿着缝隙流到山洞中,从洞顶滴落,水分消散后,就只留下了含有岩石成分的、晶莹剔透的结晶。就这样,经过上万年甚至几十万年的积累,结晶越来越多,聚集形成了悬挂在洞顶的石钟乳(又称钟乳石)。

而滴落到地上的溶液,在同样的原理下结晶形成了从下往上长的石笋;

又经过许多年,石笋和石钟乳都越长越长,最后连接起来,便形成了石柱。久而久之,洞中的石钟乳、石笋、石柱、石幔、石花琳琅满目,且姿态各异、美轮美奂。

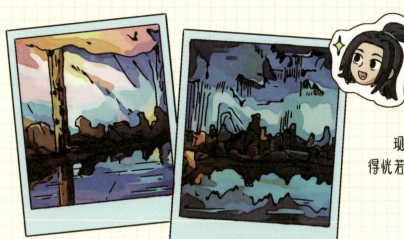

现代灯光将芦笛岩装饰得恍若仙境!

国外也存在着神奇的喀斯特地貌!

越南·韩松洞

为了见见传说中人类发现的最大的"洞穴走廊",我特地来到越南。越南的韩松洞大概形成于 200 万~500 万年前,整个洞穴都是由石灰岩在流水作用下坍塌形成的。

洞穴中空间广阔,不仅有动物和植物,还有河流和小湖泊,完美诠释了"别有洞天"这个成语。

我在这里哦!

万物系 3203 年 10 月 7 日

  我去询问店家时，对方说，这应当是徐先生落下的本子，还说他从未见过像徐先生那样的怪人，不爱功名利禄，偏爱游山玩水，说着便将册子翻到最后一页，将下角的"霞客"二字指给我看。

  我先是愕然，随后抚掌大笑起来——好一个怪人遇怪人，徐侠客遇徐霞客！

  笑着笑着，却又不禁感慨：看来这世上的痴人千千万，并非独我一个执迷不悟呢……

  我将册子放在柜台上，请店家代为转交，随后便离开了茶摊。

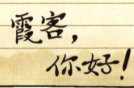

霞客，你好！

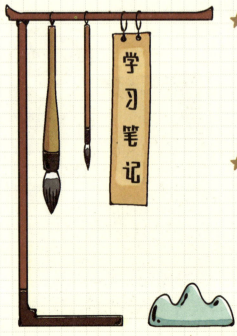

学习笔记

★ 经过周密调查，我发现<u>中国是世界上最早记录、研究喀斯特地貌的国家</u>，而且广西、贵州和云南地区都分布着面积广阔的喀斯特地貌群，是<u>世界上最大的喀斯特区之一</u>。不只这些地方，听说西藏地区和一些北方地区也有喀斯特地貌。

★ 喀斯特地貌分布区域这么广，即使是我也做不到一个不落地调查。但我已经总结出了其中的规律！<u>降水就是导致喀斯特地貌形成的关键</u>，只要是降水频繁的地区，无论是平原还是山地，寒冷还是炎热，都有可能存在喀斯特地貌。

多姿多彩的砂岩地貌

万物系 3203 年 10 月 23 日

经本人考察，中国拥有三种独特的砂岩地貌（就是由砂岩或石英砂岩发育成的地貌）。在这三种地貌中，我最喜欢、印象最深刻的当属丹霞地貌。

我猜，小天最喜欢的应该是造型奇特的张家界地貌；至于大地，应该会抱着嶂石岩地貌中的回音壁不撒手吧 (*^o^*)。

我选择优先调查自己最喜欢的丹霞地貌！
为了知道它的成因，我穿越了漫长的时间，来到侏罗纪时代……

砂岩地貌之一——丹霞地貌

中生代侏罗纪到新生代第三纪，气候湿热，岩石中的铁元素在这样的环境下发生了一些化学反应，让岩石呈现出鲜艳的红色，大片的红色砂砾岩连在一起，由于逐渐堆叠，又形成了红色的地层，被人们称为"红层"。

某一天，红层随着地壳板块运动露出地面，受到流水的冲刷、侵蚀，被切割成一座座陡峭的山崖，经历漫长的过程才能逐渐形成美丽的丹霞地貌。

丹霞地貌美丽的红色来自遥远的史前时代。

常见丹霞地貌的八角寨、武夷山都位于中国南方,难道只有气候暖湿的地区才能发育出丹霞地貌吗?

并非如此!我曾走到大西北的张掖,只见色彩在天地之间张扬怒放!

就像画家在大地上热情涂抹色彩一样!

这里有着中国北方干旱地带发育最典型的丹霞地貌，也是国内唯一的丹霞地貌与彩色丘陵景观高度复合区，鬼斧神工，雄奇瑰丽。

八角寨的丹霞地貌又是另一幅绮丽的画卷！

这里的丹霞地貌发育的丰富及壮观程度是世界上都罕见的，各种自然奇观层出不穷，被誉为"丹霞之魂""国家瑰宝"。

像巨大蜂窝一般的生死谷

垂下两道泪痕的泪眼石

八角寨的雾景堪称一绝。俯瞰群山，但见茫茫云海中青峰破浪，雾涛之间"峰"起云涌；若逢日出登顶，则可见在万丈霞光的映照下，群龙俯首，天地自成一片锦绣。

我一说起丹霞地貌就停不下来了，赶紧打住……砂岩地貌还有别的种类呢！

砂岩地貌之二——张家界地貌

张家界地貌可以算得上砂岩地貌中最为独特的一支，它的主要特色是千峰耸立、万石峥嵘。可这里的山为什么会长成这个样子呢？

那又要说起很久很久以前了，大约4亿年前，湖南的西北方地区地壳下降，海水大面积侵入陆地，将该地区变成一片汪洋。

那时的张家界正好位于靠近大陆的深海处，大量松散碎屑被河流和雨水搬运过来，沉积在这里，逐渐形成了500多米厚的石英砂岩。

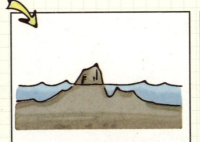

之后，地壳再次向上抬升露出海面，但在这个过程中，它又被海水不断侵蚀，逐渐被切割成了石柱丛生的样子。

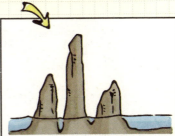

再加上重力、生物和风化的影响，便逐渐形成了如今这样诡谲的塔柱状峰林。

砂岩地貌之三——嶂石岩地貌

嶂石岩地貌也是砂岩地貌中壮丽的一景！

它主要分布在太行山一带，以连续不断的丹崖长墙、棱角分明的块状结构和鬼斧神工的阶梯状陡崖等景观著称。

> 曾经有人认为我属于丹霞地貌或张家界地貌，但我们的形成方式是有本质区别的！

嶂石岩地貌的形成

距今18亿~15亿年前，这一带的海洋里沉积了大片砂岩和页岩，它们经过地壳运动上升到地平面，形成了岩墙。

岩墙上部红色的石英砂岩层质地坚硬，所以没有那么容易被风化和侵蚀；但是下部的泥岩或泥质砂岩质地较软，被风化和侵蚀的速度更快。

由于这样的差异，岩墙下部反而会先被风化剥落，上部岩层在重力作用下就塌了下来。岩墙的位置和形态就这样不断变化，渐渐形成了三级阶梯状的崖壁。

在阶梯状崖壁下，又发育了众多幽谷深渊、奇峰怪石，其中由"Ω"形嶂谷构成的回音壁被誉为"天下最大的回音壁"，还入选了吉尼斯世界纪录呢！

万物系 3203 年 10 月 30 日

　　游经黄州城时，我曾到城外的赤壁山考察那里的丹霞地貌。

　　当时我正坐在岸边记录眼前的景象，却听见一阵慷慨激昂的吟诵声从不远处的一只小船上传来。我拍手叫好，随即被邀请到船上。对方给我讲了许多文学和历史知识，我听得津津有味。我给他讲丹霞地貌的种种特点，他则告诉我，从前一位叫曹丕的人写过一句"丹霞夹明月，华星出云间"，丹霞地貌的名字很有可能就是从这里得来的。说完，他便站在船头，高举酒盏，朗声道："江山如画，一时多少豪杰。"

　　后来，他的这句话就变成了一首完整的词，哪怕我离开黄州，还能听见大街小巷里的人们竞相传诵。

　　再后来我才知道，原来那个人就是名满天下的才子苏轼。

苏轼

学习笔记

中国三大砂岩地貌

丹霞地貌	张家界地貌	嶂石岩地貌
举例：八角寨、武夷山等	举例：张家界	举例：太行山嶂石岩地区
成因：流水侵蚀	成因：海水侵蚀	成因：上下岩层性质不同
特点：赤壁陡峭	特点：千峰耸立、万石峥嵘	特点：阶梯状丹崖长墙

三大砂岩地貌各有特色，应该不会有人记错吧？

风沙里的奇迹

这是一段我在旅途中听到的传说:

很久很久以前,西北的戈壁滩上有一座美丽的城堡,这里的人们用自己的双手攒下了堆积如山的财富。

然而,随着财富的渐渐积累,人们变得越来越贪婪。邪恶和懒惰代替善良和勤劳,主宰了人们的心灵。于是,阴谋和掠夺也随之诞生,整个城市陷入可怕的混乱之中。

某天,一个衣衫褴褛的乞丐来到了城堡。乞丐警告这里的人们,恶念和贪欲会使富有的人失去一切。然而人们不以为然,甚至嘲笑他、讥讽他。乞丐发怒了,他摇身一变,成了一位伟岸的天神。天神摧毁了整座城堡,将人们埋在废墟底下。

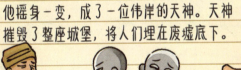

从此以后,每当大风经过,亡灵的哀鸣声就会在荒凉的戈壁滩上回荡。路过的人们听了不寒而栗,便将这里称为"魔鬼城"。

"魔鬼城"真的这么可怕吗？

我鼓起勇气来到准噶尔盆地的西北边缘，结果大为惊喜！
原来"魔鬼城"又叫乌尔禾风城，是一处典型的雅丹地貌区！

在气候干旱的地区，河、湖干涸后，底部的陆地便会暴露出来。风不停歇地吹过陆地，带来风化与风蚀，流水也会偶尔冲刷这里。经过很长一段时间后，原本的陆地逐渐形成了土墩和凹槽。这些由土墩和凹槽相间排列的特殊地貌，就是雅丹地貌。

乌尔禾风城之所以被称为"魔鬼城",除了形态各异的土墩乍一看酷似断壁残垣外,还因为风刮过时那恐怖的"鬼声"。

这里地处风口,动辄狂风大作,风夹杂着沙砾日夜不停地"雕刻"裸露的岩石,渐渐将它们刻出各异的形状,有的像城墙,有的像高塔,仿佛一座失落的古城坐落在大漠之上。周遭荒无人迹,只有风沙发出凄厉的嘶吼,对于偶然经过的旅人来说,恰似鬼哭狼嚎,令人毛骨悚然。这里因此也就得名"魔鬼城"。

这凄厉的"鬼声"其实是风的声音,当风在奇形怪状的石墙之间穿梭时,气流就会发生不同程度的振动,形成不同频率的风声。风声又经石墙反射产生回声,各种各样的声音交织在一起,听起来就像"鬼哭狼嚎"了。

还记得我声大侠吗?只有振动的物体才能发出声音哦!

雅丹地貌从形成到消失一共会经历五个阶段,而这五个阶段都可以在敦煌见到!
敦煌雅丹地貌位于新疆、甘肃交界处,在这块神奇的土地上,存在着迄今为止在世界上发现的规模最大、地质形态发育最成熟的雅丹地貌群落。

1. 垄岗状雅丹

两千多年前,敦煌还是一片广袤的湖泊。干旱地区的湖泊在形成时往往伴随着反反复复的水进水退,于是一层泥、一层沙,又一层泥、又一层沙地叠加在一起,在湖底分别形成了泥岩层和沙土层。

后来,干旱的气候和居民用水导致湖泊逐渐干涸,而湖底的岩层也逐渐暴露出来。流水和风把沙与土带走,原先的沙土层就变成了凹槽;而泥岩层覆盖的部分比较稳固,形成了或大或小的长条形土墩。在定向风的长期侵蚀下,岩石逐渐形成了垄岗状的细长形态,这就是垄岗状雅丹。

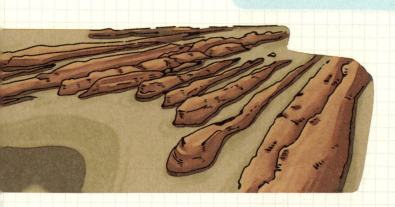

敦煌的"西海舰队"

2. 墙状雅丹

垄岗状雅丹形成后依然会继续受到风的侵蚀,宽度逐渐变窄、中间断开、高度降低,最后形成的外部形态就像一面墙,基本座座独立,这就是墙状雅丹。

敦煌的"狮身人面"

3. 塔状雅丹

墙状雅丹继续被侵蚀，会逐渐形成长与宽最为接近的塔状雅丹。

敦煌的"伟人像"→

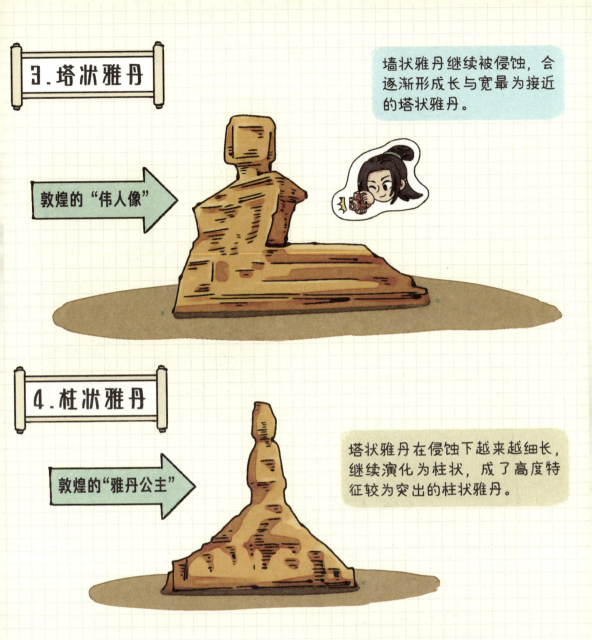

4. 柱状雅丹

敦煌的"雅丹公主"→

塔状雅丹在侵蚀下越来越细长，继续演化为柱状，成了高度特征较为突出的柱状雅丹。

5. 雅丹残丘

被风化侵蚀直到最后，雅丹体终于演化到了消亡期，成为杂乱堆积的雅丹残丘，已经辨认不出原生形态了，这片雅丹地貌就此消失。

远在非洲的撒哈拉大沙漠上，还有一处特殊的雅丹景观。

黑沙漠与白沙漠

在这里，远古时期从海底火山喷发出的黑色物质覆盖了黄色的沙漠表面，所以呈现出黑黄相间的景象，形成了"黑沙漠"。

而"白沙漠"的沙为白色石灰石风化而成的白色细沙。

在此基础上侵蚀形成的雅丹地貌别有一番风味，其中最有名的就是"蘑菇与小鸡"。

小鸡炖蘑菇

万物系 3203 年 11 月 3 日

　　自从我决定每天学习地球上的文化知识，孙秀才就一直在教我读诗。今天他又教了我一首诗，其中有一句我很喜欢——"黄沙百战穿金甲，不破楼兰终不还。"

　　我告诉孙秀才，我到西北地区考察那里的雅丹地貌时，曾经去过诗中的楼兰。不仅如此，我还去过"但使龙城飞将在"中的龙城，"春风不度玉门关"中的玉门关。这些地方都分布着面积广大的雅丹地貌。

　　因为我去过这么多地方，孙秀才特别崇拜我，他说他也想去。等以后有机会了，我一定要带他一起去看看。

学习笔记

★ 有人跟我说，雅丹地貌只会出现在干旱地区，毕竟，它们主要是由风力侵蚀而形成的。对此，我只能说：人呀，还是应该多出来走走看看。毕竟，我可是在青海柴达木盆地见到了世界上独一无二的水上雅丹！

★ 水上是怎么形成雅丹地貌的呢？在很久以前，这里也曾是一片干旱的戈壁滩，雅丹景观在陆地上形成。但后来，地壳的运动使青海湖的湖水通过地下流入了这片区域，被淹没的戈壁只留下形态各异的土墩探出水面，这神奇的巧合形成了美丽的水上雅丹景观。

★ 也就是说，水上雅丹景观的形成原理并没有什么新奇的，只不过正好遇到了这种巧合。当然了，这种巧合也是需要有人发现的！

那些美丽的"崮"(gù)事

万物系 3203 年 11 月 10 日

今天到山东一带的沂蒙山区勘察岱崮地貌。

登上岱崮,眺望远方的泰山,不由得想起孙秀才教我背的一句诗:"岱宗夫如何,齐鲁青未了。"

不知道孙秀才在另一个时空里过得怎样,有没有考中举人呢……

扯远了!今天的主题可不是泰山。
我在对岱崮地貌的勘查中收获不少呢!

遥望泰山

很多人都不熟悉"崮"这种地貌,但只要亲眼见过就绝对不会认错!

很难想象这是天然形成的吧!

崮的外形独特,崮顶四周陡峭、中间平坦,崮顶以下的山坡则逐渐平缓,远远望去,就像大山戴了一顶方形的帽子,又像山顶被凭空削去了似的。

崮顶怎么会这么平坦呢？

我印象里大部分山顶是尖尖的，崮这么平的山顶是怎样形成的呢？

我带着疑惑去探索崮的形成经过，发现这与岩石的性质有关。

沂蒙山区曾经是一片汪洋大海，海底在不同年代沉积了不同的岩层，最后形成了上层是坚硬的碳酸盐岩、下层是松软的页岩的独特地貌。

① 碳酸盐岩　页岩

随着剧烈的板块运动，山地隆起，冒出海面。经过长期的雨打风吹、流水切割，以及风化作用，下层松软的页岩层逐渐被侵蚀，形成了一座座山体。

而顶部的碳酸盐岩因为比较坚硬，不容易被侵蚀，所以平坦的山顶得以部分保留。这就成了今天我们看到的崮的样子。

★ 小贴士
崮不但是一种神奇美景，还隐含了地壳抬升运动的重要信息哦！
由于崮顶很少被侵蚀，可以从它的高度推算古平原的抬升高度。

沂蒙七十二崮是一座位于沂蒙山区的著名崮群,七十二崮听起来已经很庞大壮观了,但这里的"七十二"并不是确切的数字,实际上,整个沂蒙山区的崮,大大小小加在一起至少也有上千座呢!

沂蒙七十二崮
我记录了一些具有代表性的崮

神佛崮是国内最大、最逼真的天然山体石佛。

狮子崮被誉为"天下第一雄狮"。

纪王崮的崮顶面积最大，而且是沂蒙山七十二崮中唯一一个有人居住的崮。传说在春秋时期，纪王曾率领残兵来到这里筑造城市，并在崮顶建成了一座规模宏大、功能完备的王都，纪王崮便因此得名。

东汉崮虽然没有纪王崮面积广大，却有着一种超然于世的气魄，如同一位山神矗立在沂蒙大地上，保护着一方百姓。传说东汉光武帝刘秀曾在此处躲过了王莽的追杀，这就是"东汉崮"名字的由来。后来，沂蒙百姓每当遭遇灾难，都会躲在高高的东汉崮上，祈求平安渡过劫难。

万物系 3203 年 11 月 10 日

农民伯伯给我讲了许多与七十二崮有关的故事。比如，和尚崮的命名是为了纪念一位帮人们除掉恶霸、最后战死在崮顶的和尚；而孟良崮之所以叫这个名字，是因为有一位叫孟良的大将军曾在此处屯兵操练。吕母崮的故事则更为曲折：从前有一位叫吕育的县吏，因不愿惩罚交不起税的百姓，最后被县官处死。吕育的母亲在悲愤下揭竿而起，率领当地百姓在崮下筑起一座点将台，自此成为中国历史上第一位女性起义领袖。筑有点将台的崮也因此被命名为吕母崮。

这些故事在沂蒙代代相传，从前如此，以后也会流传下去。正如沂蒙七十二崮，即便历尽风雨，仍旧千古流传。

真是好"崮"事啊！

★ 自然的力量实在是太强大了，我猜测除了风和水以外，一定还有别的自然现象具有改变地貌的力量。考察证明我的猜测是正确的，那种力量就来自——冰！

★ 冰和水一样，会受到地球引力的作用而流动。在流动时，冰的表面融化成水，这些水又起到了润滑的效果，进一步帮助冰继续流动。而融化的水再次被冻结时，往往会把地表的沙石一同冻进来带走，而被冻结的沙石也会进一步磨损地表，使地表物质减少，这就是冰的侵蚀作用。

★ 冰的作用可不止这么简单，它还是大力士、搬运工呢！冰流动到别的地方后再次融化，这一路上"搬运"来的沙石就随着融化落到了这里，长年累月地沉积下来，也能形成岩层和土地，这就是冰的搬运和沉积作用。

★ 在冰的各种作用下形成的地貌统称为冰川地貌。即使冰如此冷酷又强大，也无法让我对地球的热情有丝毫降温啊！

冰雪奇缘

万物系 3203 年 12 月 9 日

今天见到了"蜀山之王"——贡嘎山！

藏语的"贡"是冰雪的意思，"嘎"代表白色，"贡嘎山"就是白色的雪山。

从远处看，贡嘎山的大角峰如同一柄天然的尖锥矗立在天地之间。每到日出的时候，金色的光芒洒在连绵的山脉上，为原本圣洁无瑕的雪山披上一层瑰艳的色彩。

真的特别美丽壮观！

既然来到了雪山上,那我可要详细讲讲冰川地貌了!
既然要讲冰川地貌,那就从冰川开始吧!

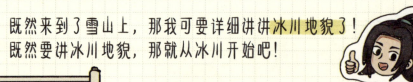

冰川的形成经过

极地或高山地区终年寒冷,总是飘着鹅毛大雪,山上自然也会积起厚厚的雪。雪积得越来越多、越来越厚,也就越来越重,被压在下面的雪可受不了这种重量,于是它们互相挤压,贴得越来越紧,逐渐结合在一起,变成了致密的冰。一层层的冰积压下来,久而久之就形成了巍峨的冰川。

以前我也是松软的雪,现在已经是坚硬的冰了!

冰川的不同位置有不同的称呼

冰斗
冰斗是在冰川的侵蚀作用下形成的一种三面环山、后壁陡峭的半圆形洼地。

冰碛地貌地表的碎屑物被冰川搬运来，随着冰川融化沉积下来形成各种地形，它们被统一称为冰碛地貌。

冰碛地貌形成后就找不到冰在哪里了，所以没那么好辨认，但还是逃不过我的眼睛。

冰碛平原、冰碛丘陵

在冰川沉积作用下形成的地形往往呈现出像平静的海面一样低缓的波状起伏，在这个基础上形成了许多平原和丘陵。

位于欧洲的波德平原就属于冰碛平原。

西藏波密县的冰碛丘陵数量多、规模大，而且形态典型、构造完整。

冰碛湖

冰川末端融化时，里面挟带的砾石会在地面堆积成四周高、中间低的洼地，容易积水，也有可能由于堵塞了部分河道而导致积水，这样形成的湖泊叫作冰碛湖。

怒江高山湖和阿尔卑斯山区最大的湖泊——日内瓦湖都属于冰碛湖。

蛇形丘

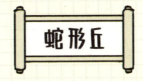

冰川融化成的水沿着冰川的裂隙渗入冰川下，在冰川的底部流动，就这么形成了一条冰下隧道。待冰川完全融解后，原本隧道中的沙砾就沉积下来，形成了狭长曲折的蛇形丘。

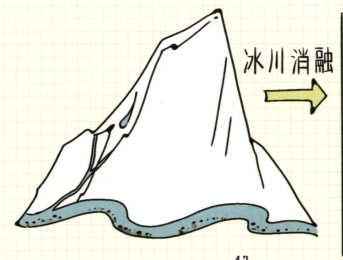

冰川消融

万物系 3203 年 12 月 9 日

我在贡嘎山下遇见了一位男孩，跟他争论了很久。男孩非说贡嘎山是冰川，我据理力争，告诉他贡嘎山不是冰川而是雪山，也就是常年积雪的高山——是在冰川作用下形成的一种冰川地貌，跟冰川是不一样的。

正所谓"不打不相识"，我们两个最后成了好朋友。他邀请我去他家里玩，我们还在贡嘎山下拍了一张合影。阳光照在山峰上，像我们的笑容一样灿烂。

我与男孩的合影

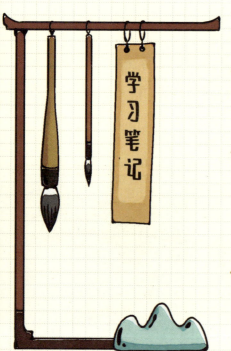

学习笔记

★ 那么这么壮观的贡嘎山到底有多高呢？想不到测量贡嘎山的高度这件事还闹出过不小的乌龙。

★ 美国人 Joseph F. Rock 曾经在 1930 年错误地测得贡嘎海拔为 9500 米，于是宣布它是世界第一高峰，因此不少国外探险家慕名而来。

★ 但这个结果错得实在有些离谱（我也很好奇他是怎么测的）。就在一年后，1931 年，瑞士著名地理学家 Eduard Imhof 重新测出了贡嘎山的高度，为 7590 米，纠正了"世界第一高峰"的错误。

★ 用现代科技手段测出的贡嘎山高度为 7556 米，这是目前世界公认的数据。沉默的雪山不会在意人们的闹剧，虽然不像珠穆朗玛峰的高度那样领先全球，巍峨的贡嘎山依然是四川省第一高峰！

创作团队

米莱童书

  米莱童书是由国内多位资深童书编辑、插画家组成的原创童书研发平台。旗下作品曾获得 2019 年度"中国好书",2019、2020 年度"桂冠童书"等荣誉;创作内容多次入选"原动力"中国原创动漫出版扶持计划。作为中国新闻出版业科技与标准重点实验室(跨领域综合方向)授牌的中国青少年科普内容研发与推广基地,米莱童书一贯致力于对传统童书进行内容与形式的升级迭代,开发一流原创童书作品,适应当代中国家庭更高的阅读与学习需求。

策 划 人: 刘润东　魏诺　韩茹冰

原创编辑: 朱梦笔　梁世安

漫画绘制: Studio Yufo

专业审稿: 北京市育才中学地理教师,
　　　　　　北京市西城区骨干教师　武娜

装帧设计: 刘雅宁　张立佳　马司文　汪芝灵

偶遇旺德儿星人

地理江湖 给孩子的地理通关秘籍

米莱童书 著/绘

番外

北京理工大学出版社
BEIJING INSTITUTE OF TECHNOLOGY PRESS

版权专有　侵权必究

图书在版编目（CIP）数据

地理江湖：给孩子的地理通关秘籍：全7册/米莱
童书著绘．-- 北京：北京理工大学出版社，2024.3（2025.5重印）
　ISBN 978-7-5763-3203-2

　Ⅰ.①地… Ⅱ.①米… Ⅲ.①地理学—少儿读物
Ⅳ.①K90-49

中国国家版本馆CIP数据核字 (2023) 第239424号

责任编辑 / 张　萌　　文案编辑 / 张秀婷
责任校对 / 刘亚男　　责任印制 / 王美丽

出版发行 / 北京理工大学出版社有限责任公司
社　　址 / 北京市丰台区四合庄路6号
邮　　编 / 100070
电　　话 / (010) 82563891（童书售后服务热线）
网　　址 / http://www.bitpress.com.cn

版 印 次 / 2025年5月第1版第7次印刷
印　　刷 / 朗翔印刷（天津）有限公司
开　　本 / 710 mm × 1000 mm　1/16
印　　张 / 21
字　　数 / 560千字
定　　价 / 200.00元
审 图 号 / 京审字（2023）G第2738号

图书出现印装质量问题，请拨打售后服务热线，负责调换

序

公元 208 年,一场大火在长江中下游的赤壁附近烧了起来,这就是孙刘联军大破曹军的赤壁之战。《三国演义》中提到,周瑜火烧赤壁,需要东风的助力,而诸葛亮断言三天之后必有东风。于是他设坛施法,果然在三天后借来了东风。那诸葛亮真的会施法吗?他为什么能"借"东风呢?

其实,诸葛亮再聪明也不会施法。他能"借"来东风,就是因为他分析了当时当地的气候规律,而气候就是地理的一部分。那么,你们知道什么是地理吗?有没有觉得,我们又不需要"借"东风,为什么要学习地理呢?

中国最早的地理著作是《尚书·禹贡》,书中详细记载了天下的山脉、河流、土壤、田地、物产、道路。所以你们看,中国古人在这一方面已经有了深刻的研究和认识,地理不仅包括地球构造、气象气候,也包括人文环境和物质资源,是我们认识这个世界最直接的一门学科。你有没有疑惑过,为什么下雨天比晴天凉爽呢?为什么南方盛产水稻,而北方适合种小麦呢?其实,这些都是地理要研究的内容,无论是最基础的衣食住行,还是进阶的劳动、资源,地理从方方面面影响着我们的生活。

这套《地理江湖》从生活中最基本的现象出发,用漫画的形式给大家讲述最基础的地理学知识。我们和来自地理江湖的侠客、护法们一起出发,不仅能了解大气圈、水圈、岩石圈和生物圈的基本知识,还能看到浩瀚的太空,了解无穷的宇宙。当然啦,只有这些是不够的,地理不是一个枯燥无聊的学科,你将会在书里面看到一些有趣的小实验,或者跟着护法们制作一些可爱的小物件,你动手做的这一切,都是在强化脑海中地理学的知识内容。

当我们称赞一个人知识渊博时,总是会用到"上知天文,下知地理"。希望你们在读完这套书后,也能够获得地理学提供的这些知识,成为一个"上知天文,下知地理"的人,细细地体会这个世界的自然风光和风土人情。

于贵瑞
中国科学院院士,生态学家

旺德儿星人迷路了……………………06
羡慕！地球人拥有太阳………………12
冥王星的上诉…………………………19
我也想要一个月亮……………………28
独一无二的家乡………………………36

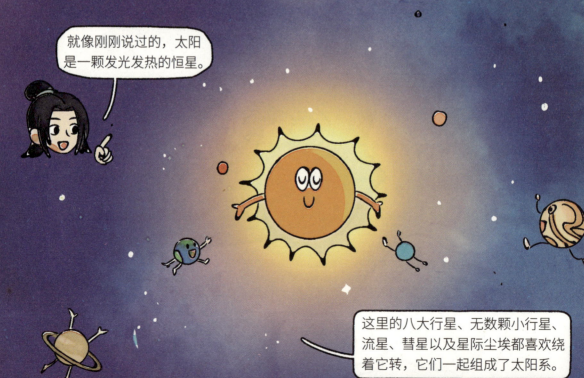

火星是距离太阳第四近的行星，也是太阳系中仅次于水星的第二小的行星，与金星一样属于类地行星。

由于观测到火星上存在水源，地球人一直在探求火星存在生命的可能性。

木星是太阳系中体积最大的行星，从地球上看，它是夜空平均亮度第三的天体。

真的好大啊……

土星体积也很大，主要由氢组成，它内部的核心包括岩石和冰，外围则由数层金属氢和气体包覆着。

美丽的土星星环的主要成分是冰的微粒和少量的岩石残骸，以及尘土。

法官阁下，我——冥王星，曾经与火星、地球、海王星它们平起平坐，共属九大行星之列。后来竟被除名！我不服！难道我不是太阳系的一分子吗！我要上诉！

唉，又是冥王星寄来的。

怎么被除名了呢？冥王星不是行星吗？

米莱童书

  米莱童书是由国内多位资深童书编辑、插画家组成的原创童书研发平台。旗下作品曾获得2019年度"中国好书",2019、2020年度"桂冠童书"等荣誉；创作内容多次入选"原动力"中国原创动漫出版扶持计划。作为中国新闻出版业科技与标准重点实验室（跨领域综合方向）授牌的中国青少年科普内容研发与推广基地,米莱童书一贯致力于对传统童书进行内容与形式的升级迭代,开发一流原创童书作品,适应当代中国家庭更高的阅读与学习需求。

策 划 人：	刘润东　魏诺　韩茹冰
原创编辑：	朱梦笔　梁世安
漫画绘制：	Studio Yufo
专业审稿：	北京市育才中学地理教师, 北京市西城区骨干教师　武娜
装帧设计：	刘雅宁　张立佳　马司文　汪芝灵

出发：前往地球

地理江湖 给孩子的地理通关秘籍

米莱童书 著/绘

北京理工大学出版社
BEIJING INSTITUTE OF TECHNOLOGY PRESS

版权专有 侵权必究

图书在版编目（CIP）数据

地理江湖：给孩子的地理通关秘籍：全7册 / 米莱
童书著绘. -- 北京：北京理工大学出版社，2024.3（2025.5 重印）
ISBN 978-7-5763-3203-2

Ⅰ.①地… Ⅱ.①米… Ⅲ.①地理学—少儿读物
Ⅳ.① K90-49

中国国家版本馆 CIP 数据核字 (2023) 第 239424 号

责任编辑 / 张　萌	文案编辑 / 张秀婷
责任校对 / 刘亚男	责任印制 / 王美丽

出版发行　/　北京理工大学出版社有限责任公司
社　　址　/　北京市丰台区四合庄路 6 号
邮　　编　/　100070
电　　话　/　(010) 82563891（童书售后服务热线）
网　　址　/　http://www.bitpress.com.cn

版 印 次　/　2025 年 5 月第 1 版第 7 次印刷
印　　刷　/　朗翔印刷（天津）有限公司
开　　本　/　710 mm × 1000 mm　1/16
印　　张　/　21
字　　数　/　560 千字
定　　价　/　200.00 元
审 图 号　/　京审字（2023）G 第 2738 号

图书出现印装质量问题，请拨打售后服务热线，负责调换

序

公元208年，一场大火在长江中下游的赤壁附近烧了起来，这就是孙刘联军大破曹军的赤壁之战。《三国演义》中提到，周瑜火烧赤壁，需要东风的助力，而诸葛亮断言三天之后必有东风。于是他设坛施法，果然在三天后借来了东风。那诸葛亮真的会施法吗？他为什么能"借"东风呢？

其实，诸葛亮再聪明也不会施法。他能"借"来东风，就是因为他分析了当时当地的气候规律，而气候就是地理的一部分。那么，你们知道什么是地理吗？有没有觉得，我们又不需要"借"东风，为什么要学习地理呢？

中国最早的地理著作是《尚书·禹贡》，书中详细记载了天下的山脉、河流、土壤、田地、物产、道路。所以你们看，中国古人在这一方面已经有了深刻的研究和认识，地理不仅包括地球构造、气象气候，也包括人文环境和物质资源，是我们认识这个世界最直接的一门学科。你有没有疑惑过，为什么下雨天比晴天凉爽呢？为什么南方盛产水稻，而北方适合种小麦呢？其实，这些都是地理要研究的内容，无论是最基础的衣食住行，还是进阶的劳动、资源，地理从方方面面影响着我们的生活。

这套《地理江湖》从生活中最基本的现象出发，用漫画的形式给大家讲述最基础的地理学知识。我们和来自地理江湖的侠客、护法们一起出发，不仅能了解大气圈、水圈、岩石圈和生物圈的基本知识，还能看到浩瀚的太空，了解无穷的宇宙。当然啦，只有这些是不够的，地理不是一个枯燥无聊的学科，你将会在书里面看到一些有趣的小实验，或者跟着护法们制作一些可爱的小物件，你动手做的这一切，都是在强化脑海中地理学的知识内容。

当我们称赞一个人知识渊博时，总是会用到"上知天文，下知地理"。希望你们在读完这套书后，也能够获得地理学提供的这些知识，成为一个"上知天文，下知地理"的人，细细地体会这个世界的自然风光和风土人情。

于贵瑞
中国科学院院士，生态学家

传说，宇宙中悬浮着一个神秘的星球，叫作地理江湖。

地理江湖上住着一群观测员，它们在宇宙中穿梭、巡视，研究着各个星球的地形地貌，记录着难得一见的好风景和有趣的风土人情。

负责记录地球生态地理环境的是一个小分队。小分队有三个成员，分别是队长"地球侠客"，队员"大地护法"和"天空护法"。

地球侠客：
NO CONTACT

地球侠客先行去往地球收集信息，每隔一段时间都会往系统里上传一份研究资料。可是这一次，地球侠客过了很久都没有更新资料……大地护法和天空护法有些心急，决定到地球上一探究竟。

南美洲中部有世界上面积最大的高原,北部则有世界上面积最大的平原。河网分布在整个平原上,犹如密密麻麻的叶脉在叶片上伸延。

北美洲在南美洲的北方,地势总体来说从西向东呈现出高—低—高的变化。

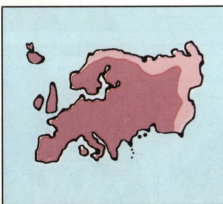

欧洲有很多半岛、岛屿和海湾,海洋文明比较发达。

这几个大陆上有地球侠客队长踪迹的可能性都很大,但可能性最大的地方还是这里——

——亚洲！

亚洲是面积最大的大洲，世界上最高的高原和最高的山脉都位于这里，也是大江大河汇集最多的大洲。

最重要的是队长最后传回来的这张照片，拍摄地点和发送地点都在亚洲！

确定了目的地就可以准备出发了！

马上收拾行李！

"我停不下来!"

"会撞上的!"

地球"歪着"自转并不是它的本意。在地球刚形成不久的时候,曾经有一个巨大的行星从它身边擦过。

正是这次擦边球式的撞击把地球撞"歪"了。从那以后,地球便一直这样"歪着"转了。

"这样也不错。"

地球"歪倒"的角度始终不变,就像绕着某根隐形的轴,自西向东,稳稳地转动着。

人们把这根"隐形轴"叫作**地轴**。

江湖往事

清乾隆年间,18岁的水手谢清高从广东出发去往海南打工,途中不幸遭遇海难,他被一艘途经的外国商船救起。此后的14年,谢清高随船到达了涵盖亚洲、欧洲、非洲、美洲、大洋洲的共100多个国家和地区,是中国环游世界第一人。同乡的一位举人根据谢清高口述的经历和见闻编著了《海录》一书。该书作为第一部中国人讲述西方世界的著作,对各地的地理环境、风土人情和经济技术都做了翔实的描述,为当时中国人了解世界面貌打开了一扇窗。

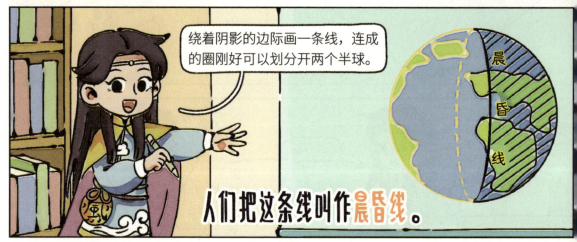

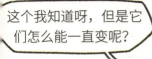

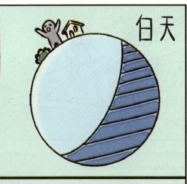
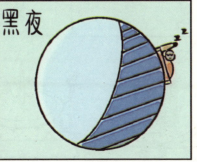

按照这个样子，沿着地轴从北极到南极，给地球也画下均匀的"切痕"。

这些"切痕"就叫经线，人类以经线为依据划定时区。

同一条"切痕"上的地点，时间相同；不同"切痕"上的地点，时间不同。

这就是时差现象。到了黑夜也不用害怕，人类有很多照明方法，而且太阳总会升起来的。

好！当黑夜来临时我就掏出这个！

不准带这么大件的行李！

地理观象台

我还是希望到没有夜晚的地方去……

地球上还真有一些地方没有夜晚或白天哦！

地轴从地球表面穿过的两点，北边叫作**北极点**，南边叫作**南极点**。

在极点和附近的极地地区，每年都会有一段时间全天都是白天，这就叫"极昼"。另外，还有一段时间全天都是黑夜，这就叫"极夜"。

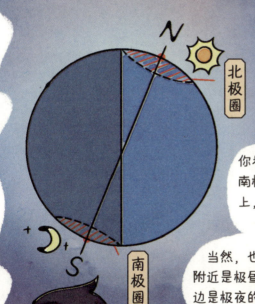

你看，现在北极点那边就是极昼，南极点那边是极夜。不过，在地球上，并不是所有地方都有极昼和极夜，只有极圈里才有呢。

当然，也有南极点附近是极昼而北极点那边是极夜的情况出现。

在极昼、极夜期间，人们的活动极其不规律。进入极昼期后，仿佛一天的时间都变长了似的，人们基本上处于"撒欢儿"状态。

睡觉时则戴上眼罩并拉上厚厚的遮光窗帘。

相对而言，极夜就比较难熬了。因为长时间缺乏光照会使人情绪低落、精神萎靡、免疫力下降，因此，极夜期间的人们往往需要定期照射紫外线进行光疗，保证一定的光照时间。

江湖往事

早在唐朝，僧人一行便发现，观测地点不同，日食发生的时刻和所见食象都不同。到了元代，耶律楚材在编订"庚午元历"时，发现各地发生月食的时间不同，因此提出了"里差"的概念，并测出了里差的误差，其结果与希腊天文学家托勒密测得的经度误差相去不远。然而，由于当时的人们并不相信地球是球体，故只将这一现象当成距离引起的差异而已。

那就要归功于太阳了！地球在宇宙中并非孤单起舞，它在自转的同时，还绕着太阳这位"舞伴"转圈呢。

太阳与地球之间存在着看不见的"吸引力"，在这股力量的牵引下，地球在自传的同时，也一直自西向东绕着太阳转动，这叫作地球的公转。

地球公转一圈的时间是365天，也就是人们所说的一年。

终于又走到这一面了！
已经过去一年了。

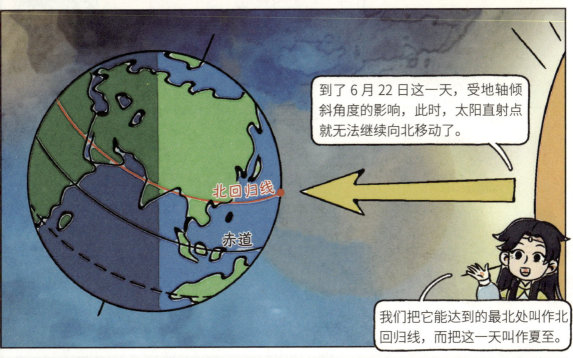

地理观象台

地球上的温度变化这么大,我也得多带点儿衣服才行。

地球上虽然有四季,但不同的地方具有不同的温度特点哦。

由于极圈以内受到太阳光的照射较少,终年苦寒,被划为寒带地区。

由于太阳直射点始终在南、北回归线之间来回挪动,这一部分便被划为热带地区。这里一直被太阳光直射,因此全年炎热。

回归线与极圈之间,由于受太阳光照的周期性变化影响较大,呈现出四季分明的特点,被划分为温带地区。

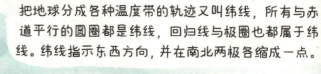

把地球分成各种温度带的轨迹又叫纬线，所有与赤道平行的圆圈都是纬线，回归线与极圈也都属于纬线。纬线指示东西方向，并在南北两极各缩成一点。

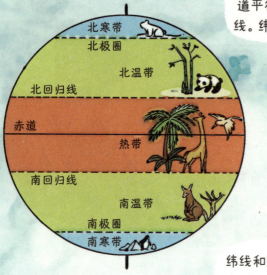

纬线和经线同心协力，就能发挥出大作用！

赤道是最大的纬线圈，是纬度的起始线。

- 春雨惊春清谷天
- 夏满芒夏暑相连
- 秋处露秋寒霜降
- 冬雪雪冬小大寒

江湖往事

一年有春夏秋冬四季，中国人又用二十四节气明确地概括出了一年中四季交替的准确时间。先秦时期，中国一些地方依靠北斗七星「斗柄」的指向确立二十四节气；汉武帝时期则采用圭表测影法，在黄河流域测出日短至(白昼最短)，并将这天作为冬至日，以它为「二十四节气」的起点，将冬至到下一个冬至之间的时间段（约365日）分割为24段（每段15日）。现行的「二十四节气」是依据太阳在回归黄道上的位置制定的，即把太阳的周年运动轨迹划分为24等份，每一等份为一个节气。二十四节气始于立春，终于大寒。

30

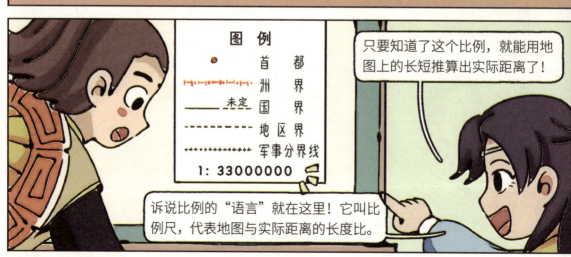

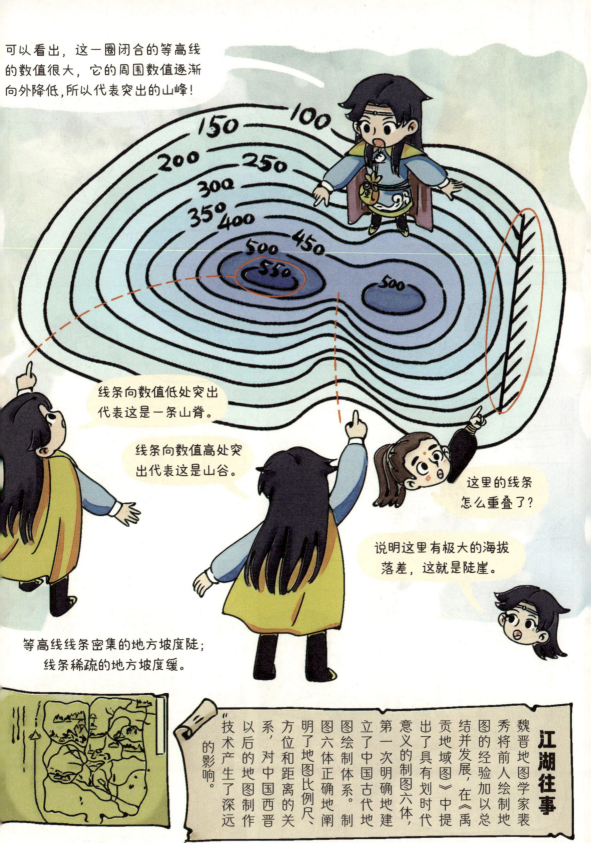

米莱童书

  米莱童书是由国内多位资深童书编辑、插画家组成的原创童书研发平台。旗下作品曾获得2019年度"中国好书",2019、2020年度"桂冠童书"等荣誉;创作内容多次入选"原动力"中国原创动漫出版扶持计划。作为中国新闻出版业科技与标准重点实验室(跨领域综合方向)授牌的中国青少年科普内容研发与推广基地,米莱童书一贯致力于对传统童书进行内容与形式的升级迭代,开发一流原创童书作品,适应当代中国家庭更高的阅读与学习需求。

策 划 人: 刘润东　魏诺　韩茹冰

原创编辑: 朱梦笔　梁世安

漫画绘制: Studio Yufo

专业审稿: 北京市育才中学地理教师,
　　　　　　北京市西城区骨干教师　武娜

装帧设计: 刘雅宁　张立佳　马司文　汪芝灵

降落：穿越大气

米莱童书 著/绘

北京理工大学出版社

版权专有　侵权必究

图书在版编目（CIP）数据

地理江湖：给孩子的地理通关秘籍：全7册 / 米莱
童书著绘 . -- 北京：北京理工大学出版社，2024.3（2025.5 重印）
 ISBN 978-7-5763-3203-2

Ⅰ.①地… Ⅱ.①米… Ⅲ.①地理学—少儿读物
Ⅳ.① K90-49

中国国家版本馆 CIP 数据核字 (2023) 第 239424 号

责任编辑 / 张　萌　　文案编辑 / 张秀婷
责任校对 / 刘亚男　　责任印制 / 王美丽

出版发行 / 北京理工大学出版社有限责任公司
社　　址 / 北京市丰台区四合庄路 6 号
邮　　编 / 100070
电　　话 / （010）82563891（童书售后服务热线）
网　　址 / http://www.bitpress.com.cn

版 印 次 / 2025 年 5 月第 1 版第 7 次印刷
印　　刷 / 朗翔印刷（天津）有限公司
开　　本 / 710 mm × 1000 mm　1/16
印　　张 / 21
字　　数 / 560 千字
定　　价 / 200.00 元
审 图 号 / 京审字（2023）G 第 2738 号

图书出现印装质量问题，请拨打售后服务热线，负责调换

序

公元 208 年，一场大火在长江中下游的赤壁附近烧了起来，这就是孙刘联军大破曹军的赤壁之战。《三国演义》中提到，周瑜火烧赤壁，需要东风的助力，而诸葛亮断言三天之后必有东风。于是他设坛施法，果然在三天后借来了东风。那诸葛亮真的会施法吗？他为什么能"借"东风呢？

其实，诸葛亮再聪明也不会施法。他能"借"来东风，就是因为他分析了当时当地的气候规律，而气候就是地理的一部分。那么，你们知道什么是地理吗？有没有觉得，我们又不需要"借"东风，为什么要学习地理呢？

中国最早的地理著作是《尚书·禹贡》，书中详细记载了天下的山脉、河流、土壤、田地、物产、道路。所以你们看，中国古人在这一方面已经有了深刻的研究和认识，地理不仅包括地球构造、气象气候，也包括人文环境和物质资源，是我们认识这个世界最直接的一门学科。你有没有疑惑过，为什么下雨天比晴天凉爽呢？为什么南方盛产水稻，而北方适合种小麦呢？其实，这些都是地理要研究的内容，无论是最基础的衣食住行，还是进阶的劳动、资源，地理从方方面面影响着我们的生活。

这套《地理江湖》从生活中最基本的现象出发，用漫画的形式给大家讲述最基础的地理学知识。我们和来自地理江湖的侠客、护法们一起出发，不仅能了解大气圈、水圈、岩石圈和生物圈的基本知识，还能看到浩瀚的太空，了解无穷的宇宙。当然啦，只有这些是不够的，地理不是一个枯燥无聊的学科，你将会在书里面看到一些有趣的小实验，或者跟着护法们制作一些可爱的小物件，你动手做的这一切，都是在强化脑海中地理学的知识内容。

当我们称赞一个人知识渊博时，总是会用到"上知天文，下知地理"。希望你们在读完这套书后，也能够获得地理学提供的这些知识，成为一个"上知天文，下知地理"的人，细细地体会这个世界的自然风光和风土人情。

于贵瑞
中国科学院院士，生态学家

地理观象台

将吸管插进杯子里，用力一吸，就能喝到甜甜的饮料。

再拿一根吸管，将两根吸管的头部衔入口中，将其中一根吸管的尾部插入液体里，让另一根吸管的尾部暴露在空气中。

试一试，还可以喝到饮料吗？

原来，大气是隐形的大力士，会向四面八方用力"挤压"物体。

答案是——不能！

当我们用一根吸管喝饮料的时候，吸走的不是饮料，而是吸管中的空气。如此一来，饮料上方的空气就会用力把饮料"压"进我们的嘴里。

如果我们采取上面的方式，用两根吸管喝饮料，那么通过尾部暴露在空气中的吸管，口腔与外界达到气压平衡，

谁也不想"排挤"谁，于是饮料就不能进入嘴里了。

谁的纸鸢掉在地上？

大气产生的这种力就叫作大气压力，简称气压。气压是形成风的原动力哦。

江湖往事

原始大气的主要成分是氢和氨，大约在46亿年前诞生。然而，地球形成以后，内部的放射性物质衰变与外部的太阳风使得原始大气很快就消失了。接下来频繁的火山爆发又释放出二氧化碳、甲烷、氮、硫化氢和氨等一些分子量比较重的气体，代替了原始大气，成为次生大气。在太阳辐射的作用下，次生大气中诞生了氧，为生命的出现创造了条件，又经过几十亿年的演变，生命横空出世。此后生物、地质与大气三者之间不断地相互作用，最终形成我们今天呼吸的大气。

地理观象台

你知道天气预报中的风力图标是什么样子的吗?

一侧的长杆叫风杆,表示风的去向;后边跟着的短道叫风尾,表示风力大小。

这就是东北风6级。

这就是风力图标!

7级风　　8级风

4道风尾表示7级风,再高就需要用到其他符号了。

8级风的标志是个小旗子,再往上就需要加数字了。

这就是我们下一节的主角——云。

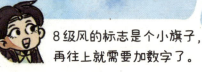

这几个天气符号又是什么意思?

江湖往事

相传,战国时期,墨翟用木头制成了木鸢,后来鲁班用竹子加以改进,制成了最早的风筝。到了东汉时期,蔡伦改进造纸术后,民间便开始使用纸料制作风筝,这种更轻巧的材料制作风筝,并称为「纸鸢」。风筝最初被用作传递信息的军事用具,到宋代才逐渐成为民间流行的户外活动。

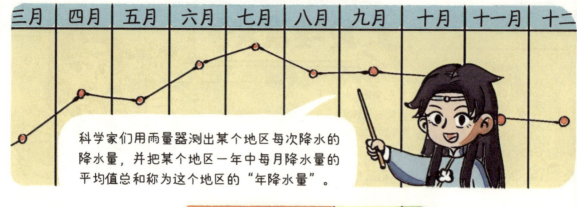

科学家们用雨量器测出某个地区每次降水的降水量，并把某个地区一年中每月降水量的平均值总和称为这个地区的"年降水量"。

科学家们在地图上将年降水量相同的各地点连接成线，就形成了年等降水量地图。

地理上又以800mm年等降水量线所经过的秦岭－淮河一线划分中国的南、北方。可以看出，南方地区整体比北方地区湿润一些。

既然北方没有南方那么潮湿，那是不是比南方还要暖和呢？

这就说来话长了……

江湖往事

西汉时期的董仲舒在其所著《雨雹对》中作出了这样的解释，他写道：「攒聚相和，其体稍重，故雨乘虚而坠。」意思是说，雨滴是由小云滴受风合并变重下降形成的。他还认为「风多则合速，故雨细而密；风少则合迟，故雨大而疏」，意思是说，风大使云滴合并得快，这就使降下的雨滴大而比较稀疏；风小使云滴合并得慢，这就使降下的雨滴细而比较密。此解释从微观角度说明了雨滴的形成过程，基本上和现代的降雨理论相符。

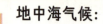
地中海气候：
夏季炎热干燥，冬季温和多雨

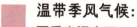
温带季风气候：
夏季高温多雨，冬季寒冷干燥

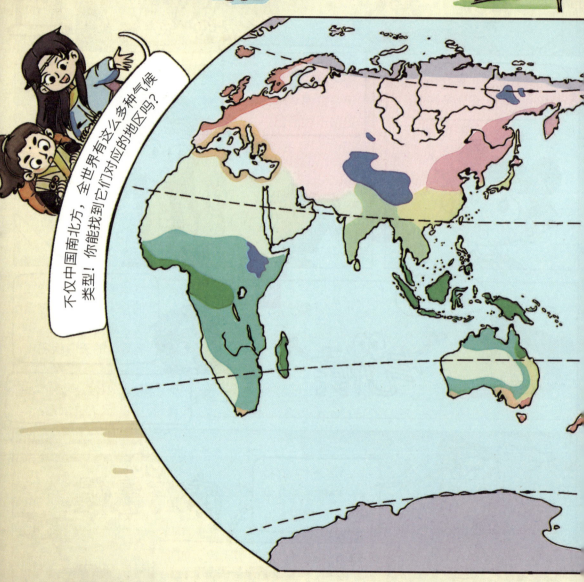

不仅中国南北方，全世界有这么多种气候类型！你能找到它们对应的地区吗？

热带季风气候：
全年高温，分旱雨两季

热带沙漠气候：
全年高温干旱

■ 温带大陆性气候：
冬寒夏暖，四季分明，降水少且集中在夏季

■ 寒带气候：
全年低温干旱

■ 亚热带季风和湿润气候：
夏季高温多雨，冬季温和少雨

■ 温带海洋性气候：
全年温和多雨

■ 高原山地气候：
地势高，气温低

■ 热带草原气候：
全年高温，分旱雨两季，旱季较长

■ 热带雨林气候：
全年高温多雨

地理观象台

新闻里常说的"全球气候变暖"到底是怎么回事呢?

我们知道,大气对地表有一定的保温作用。但是人类过度砍伐,破坏植被,焚烧石油、煤炭等燃料,就会产生大量以二氧化碳为主的温室气体。

温室气体在大气中增加,使大气的保温功能增强,地球的热量更难散出去,这就造成了全球气候变暖的现象。

全球变暖会使冰川和冻土消融、海平面上升,不仅危害自然生态系统的平衡,最终也会威胁到人类的生存。

保护地球环境需要全人类共同努力呀!

江湖往事

气候并不是一成不变的,以中国为例,在西周初期乃至魏晋南北朝时期,气候在波动中逐渐转寒,到隋唐时才开始转暖。然而到宋朝之后气候再次转寒,南方地区许多果树被冻死,太湖冰封,《硕北杂志》中记载太湖「冰坚足可通车」。到了元初,气候再次转暖,不久又转寒,至明朝万历后期进入小冰河时期,一直到19世纪中叶才结束。

米莱童书

  米莱童书是由国内多位资深童书编辑、插画家组成的原创童书研发平台。旗下作品曾获得 2019 年度"中国好书",2019、2020 年度"桂冠童书"等荣誉；创作内容多次入选"原动力"中国原创动漫出版扶持计划。作为中国新闻出版业科技与标准重点实验室（跨领域综合方向）授牌的中国青少年科普内容研发与推广基地，米莱童书一贯致力于对传统童书进行内容与形式的升级迭代，开发一流原创童书作品，适应当代中国家庭更高的阅读与学习需求。

策 划 人： 刘润东　魏诺　韩茹冰

原创编辑： 朱梦笔　梁世安

漫画绘制： Studio Yufo

专业审稿： 北京市育才中学地理教师，
　　　　　　北京市西城区骨干教师　武娜

装帧设计： 刘雅宁　张立佳　马司文　汪芝灵

地理江湖 给孩子的地理通关秘籍
北上：浮泛江海

米莱童书 著/绘

北京理工大学出版社
BEIJING INSTITUTE OF TECHNOLOGY PRESS

版权专有　侵权必究

图书在版编目（CIP）数据

地理江湖：给孩子的地理通关秘籍：全7册 / 米莱
童书著绘 . -- 北京：北京理工大学出版社，2024.3（2025.5重印）
　ISBN 978-7-5763-3203-2

　Ⅰ.①地… Ⅱ.①米… Ⅲ.①地理学—少儿读物
Ⅳ.① K90-49

中国国家版本馆 CIP 数据核字 (2023) 第 239424 号

责任编辑 / 张　萌	文案编辑 / 张秀婷
责任校对 / 刘亚男	责任印制 / 王美丽

出版发行 /	北京理工大学出版社有限责任公司
社　　址 /	北京市丰台区四合庄路 6 号
邮　　编 /	100070
电　　话 /	(010) 82563891（童书售后服务热线）
网　　址 /	http://www.bitpress.com.cn

版 印 次 /	2025 年 5 月第 1 版第 7 次印刷
印　　刷 /	朗翔印刷（天津）有限公司
开　　本 /	710 mm × 1000 mm　1/16
印　　张 /	21
字　　数 /	560 千字
定　　价 /	200.00 元
审 图 号 /	京审字（2023）G 第 2738 号

图书出现印装质量问题，请拨打售后服务热线，负责调换

序

公元208年，一场大火在长江中下游的赤壁附近烧了起来，这就是孙刘联军大破曹军的赤壁之战。《三国演义》中提到，周瑜火烧赤壁，需要东风的助力，而诸葛亮断言三天之后必有东风。于是他设坛施法，果然在三天后借来了东风。那诸葛亮真的会施法吗？他为什么能"借"东风呢？

其实，诸葛亮再聪明也不会施法。他能"借"来东风，就是因为他分析了当时当地的气候规律，而气候就是地理的一部分。那么，你们知道什么是地理吗？有没有觉得，我们又不需要"借"东风，为什么要学习地理呢？

中国最早的地理著作是《尚书·禹贡》，书中详细记载了天下的山脉、河流、土壤、田地、物产、道路。所以你们看，中国古人在这一方面已经有了深刻的研究和认识，地理不仅包括地球构造、气象气候，也包括人文环境和物质资源，是我们认识这个世界最直接的一门学科。你有没有疑惑过，为什么下雨天比晴天凉爽呢？为什么南方盛产水稻，而北方适合种小麦呢？其实，这些都是地理要研究的内容，无论是最基础的衣食住行，还是进阶的劳动、资源，地理从方方面面影响着我们的生活。

这套《地理江湖》从生活中最基本的现象出发，用漫画的形式给大家讲述最基础的地理学知识。我们和来自地理江湖的侠客、护法们一起出发，不仅能了解大气圈、水圈、岩石圈和生物圈的基本知识，还能看到浩瀚的太空，了解无穷的宇宙。当然啦，只有这些是不够的，地理不是一个枯燥无聊的学科，你将会在书里面看到一些有趣的小实验，或者跟着护法们制作一些可爱的小物件，你动手做的这一切，都是在强化脑海中地理学的知识内容。

当我们称赞一个人知识渊博时，总是会用到"上知天文，下知地理"。希望你们在读完这套书后，也能够获得地理学提供的这些知识，成为一个"上知天文，下知地理"的人，细细地体会这个世界的自然风光和风土人情。

于贵瑞
中国科学院院士，生态学家

地理观象台

这杯水里混了好多泥沙……

用一个空杯子和一张纸巾就可以自制简易水净化器,我们来试试吧。

① 将纸巾卷成长条状。

② 将卷好的纸巾一端放入浑水里,另一端挂在空杯子里。

③ 静静地等待……

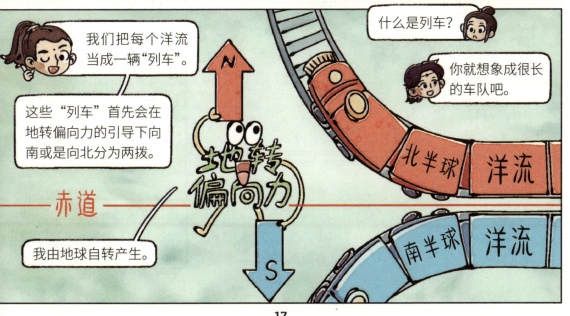

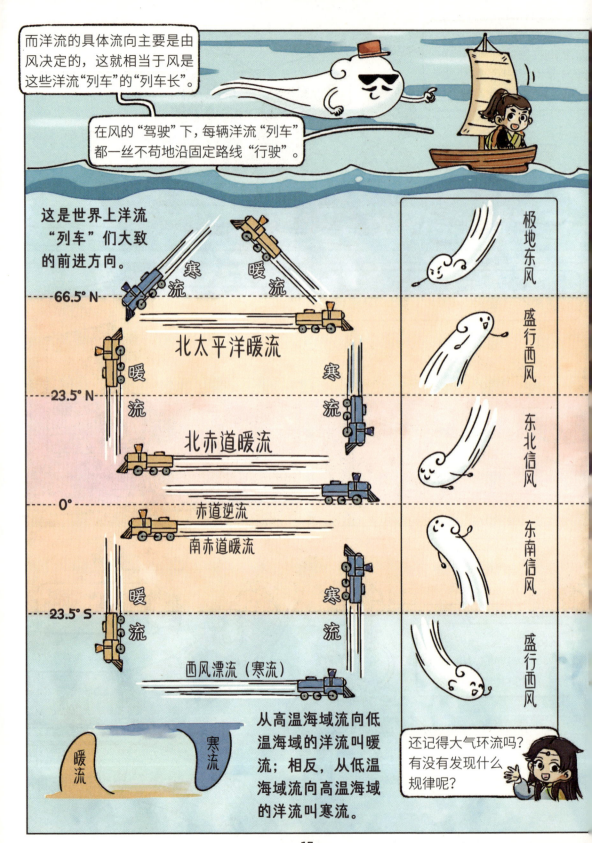

海水运动大会

江湖往事

在古代诗词的众多意象之中,水占有十分重要的地位。古人常常借用水的各种运动形式表达志向、抒发内心情感。写波浪,便写「斜晖脉脉水悠悠」的惆怅,或「惊涛拍岸,卷起千堆雪」的豪情;写潮汐,便写「海上明月共潮生」的寥廓,或「浪打天门石壁开」的气魄。遗憾的是,由于古人受活动范围和认知水平的限制,并没有发现洋流的存在,故洋流未能在古代文学中占有一席之地。

地理观象台

海水每天的涨落除了带来海鲜外，还能带来什么好东西吗？

海水只是在默默地涨潮落潮，而人类学会了从自然中获取资源，甚至还能利用潮汐发电呢！

要怎样才能利用潮汐发电呢？

其实就是在涨潮时将海水储存在水库内，然后在落潮时放出海水，利用高、低潮位之间的落差，推动涡轮机旋转，从而带动发电机发电。

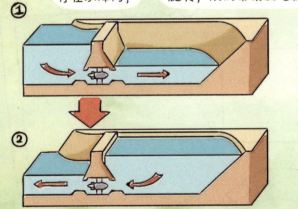

我们可以看出，在自然界中流动的水是蕴藏着极大能量的。这种能量不仅存在于大海的潮起潮落间，还存在于奔腾的河流中。

江湖往事

潮汐能是潮汐涨落具有的势能。在唐朝时期，沿海一带的居民利用潮汐来碾磨粮食和压榨甘蔗汁，可见中国利用潮汐能的历史已达千年。随着对潮汐现象的不断观察和科技水平的不断提高，古人对潮汐形成的原因也有了进一步的认识。北宋时期的余靖就在其所著的《海潮图序》中提到过："潮之涨退，海非增减，盖月之所临，则水往从之。"由此可见，余靖已经认识到，潮汐涨落是受月亮影响的。

长江上游地区还集中了整个长江流域的大部分水能资源。

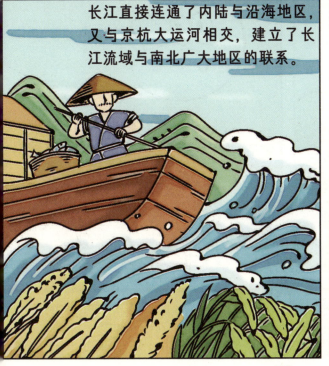

地理观象台

黄河虽然有危险的一面，但也哺育了黄河流域的文明。

你之前也说长江孕育了大地，那到底黄河和长江谁才是中华民族的母亲河呀？

黄河和长江都是我们的母亲河！

由于气候温和湿润、四季分明、水温条件适宜，有利于农作物生长，早在远古时期，先民们就在黄河、长江流域生活、奋斗和繁衍了。中华文明初始阶段的政治经济活动中心都在黄河、长江中下游一带；许多古代文明的科学技术、发明创造、城市建设等也同样产生于此。

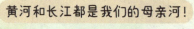

每个国家都有自己的母亲河。不论母亲河长短、深浅、著名与否，不同的流域孕育出不同的花朵，每个流域盛开的鲜花都明媚、灿烂。

江湖往事

早在西汉武帝时期，我国古代人就开启了引黄淤灌的篇章。北魏守将刁雍在旧渠口下游开新口，利用河中沙洲筑坝，分河水入河西渠道，总共灌溉农田四万余顷，史称艾山渠。灌田时「一旬之间则水一遍，水凡四溉」，谷得成实」。开渠后3年即可向今内蒙古自治区五原一带运送军粮60万斛。《水经注》中记载，黄河自青铜峡以下还向东分出支河，灌溉着富平一带的农田。

创作团队

米莱童书

  米莱童书是由国内多位资深童书编辑、插画家组成的原创童书研发平台。旗下作品曾获得 2019 年度"中国好书",2019、2020 年度"桂冠童书"等荣誉;创作内容多次入选"原动力"中国原创动漫出版扶持计划。作为中国新闻出版业科技与标准重点实验室(跨领域综合方向)授牌的中国青少年科普内容研发与推广基地,米莱童书一贯致力于对传统童书进行内容与形式的升级迭代,开发一流原创童书作品,适应当代中国家庭更高的阅读与学习需求。

策 划 人: 刘润东　魏诺　韩茹冰

原创编辑: 朱梦笔　梁世安

漫画绘制: Studio Yufo

专业审稿: 北京市育才中学地理教师,
　　　　　　北京市西城区骨干教师　武娜

装帧设计: 刘雅宁　张立佳　马司文　汪芝灵

西行：地心历险

米莱童书 著/绘

北京理工大学出版社
BEIJING INSTITUTE OF TECHNOLOGY PRESS

版权专有 侵权必究

图书在版编目（CIP）数据

地理江湖：给孩子的地理通关秘籍：全7册/米莱
童书著绘. -- 北京：北京理工大学出版社，2024.3（2025.5重印）
ISBN 978-7-5763-3203-2

Ⅰ.①地… Ⅱ.①米… Ⅲ.①地理学—少儿读物
Ⅳ.① K90-49

中国国家版本馆 CIP 数据核字 (2023) 第 239424 号

责任编辑／张 萌	文案编辑／张秀婷
责任校对／刘亚男	责任印制／王美丽

出版发行　／　北京理工大学出版社有限责任公司
社　　址　／　北京市丰台区四合庄路 6 号
邮　　编　／　100070
电　　话　／　(010) 82563891（童书售后服务热线）
网　　址　／　http://www.bitpress.com.cn

版 印 次　／　2025 年 5 月第 1 版第 7 次印刷
印　　刷　／　朗翔印刷 (天津) 有限公司
开　　本　／　710 mm × 1000 mm　1/16
印　　张　／　21
字　　数　／　560 千字
定　　价　／　200.00 元
审 图 号　／　京审字（2023）G 第 2738 号

图书出现印装质量问题，请拨打售后服务热线，负责调换

序

公元208年，一场大火在长江中下游的赤壁附近烧了起来，这就是孙刘联军大破曹军的赤壁之战。《三国演义》中提到，周瑜火烧赤壁，需要东风的助力，而诸葛亮断言三天之后必有东风。于是他设坛施法，果然在三天后借来了东风。那诸葛亮真的会施法吗？他为什么能"借"东风呢？

其实，诸葛亮再聪明也不会施法。他能"借"来东风，就是因为他分析了当时当地的气候规律，而气候就是地理的一部分。那么，你们知道什么是地理吗？有没有觉得，我们又不需要"借"东风，为什么要学习地理呢？

中国最早的地理著作是《尚书·禹贡》，书中详细记载了天下的山脉、河流、土壤、田地、物产、道路。所以你们看，中国古人在这一方面已经有了深刻的研究和认识，地理不仅包括地球构造、气象气候，也包括人文环境和物质资源，是我们认识这个世界最直接的一门学科。你有没有疑惑过，为什么下雨天比晴天凉爽呢？为什么南方盛产水稻，而北方适合种小麦呢？其实，这些都是地理要研究的内容，无论是最基础的衣食住行，还是进阶的劳动、资源，地理从方方面面影响着我们的生活。

这套《地理江湖》从生活中最基本的现象出发，用漫画的形式给大家讲述最基础的地理学知识。我们和来自地理江湖的侠客、护法们一起出发，不仅能了解大气圈、水圈、岩石圈和生物圈的基本知识，还能看到浩瀚的太空，了解无穷的宇宙。当然啦，只有这些是不够的，地理不是一个枯燥无聊的学科，你将会在书里面看到一些有趣的小实验，或者跟着护法们制作一些可爱的小物件，你动手做的这一切，都是在强化脑海中地理学的知识内容。

当我们称赞一个人知识渊博时，总是会用到"上知天文，下知地理"。希望你们在读完这套书后，也能够获得地理学提供的这些知识，成为一个"上知天文，下知地理"的人，细细地体会这个世界的自然风光和风土人情。

于贵瑞
中国科学院院士，生态学家

传说，宇宙中悬浮着一个神秘的星球，叫作地理江湖。

地理江湖上住着一群观测员，它们在宇宙中穿梭、巡视，研究着各个星球的地形和地貌，记录着难得一见的好风景和有趣的风土人情。

负责地球的小分队由队长地球侠客和队员天空护法、大地护法组成，在地球侠客失去联系之后，两位护法也来到了地球，开始寻找他们的队长。

来到西边后，尽管他们在时空中穿梭，却还是没有找到地球侠客。于是，他们决定在这里进行最后一次探索……

对了!我们可以把地球看成一个多层蛋糕,每层是不同的构造。而地球这个蛋糕有3层,从外到内分别是地壳、地幔与地核。另外,地核还可以分为内核与外核。

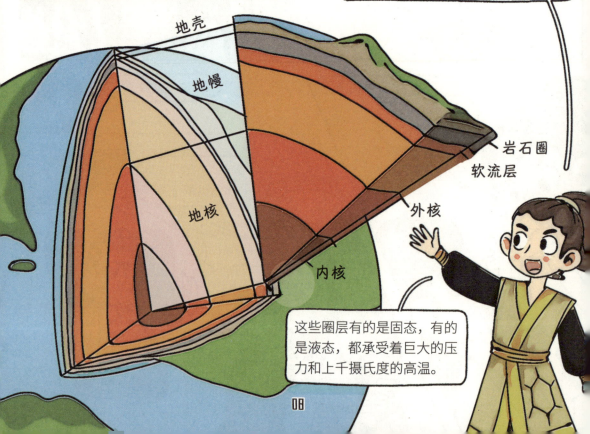

这些圈层有的是固态,有的是液态,都承受着巨大的压力和上千摄氏度的高温。

化石也是沉积岩的一种！

生物死去后倒在大地上，遗骸随着碎石、尘土被埋入地底，就成为岩石的一部分。

远古侏儒象是曾经生活在地中海地区的一种小象，既然这里有它的化石，那这里就一定是地中海地区。

人类在发掘化石的过程中认识远古生物，又能通过化石反推地质年代。

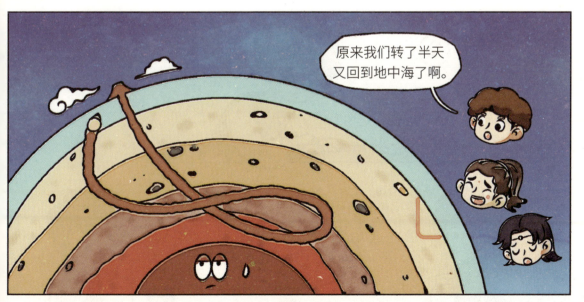

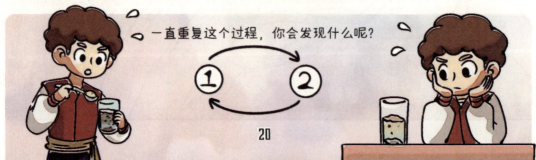

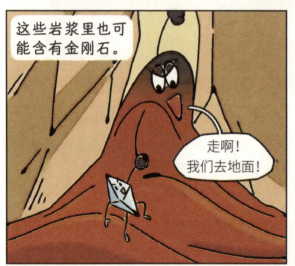

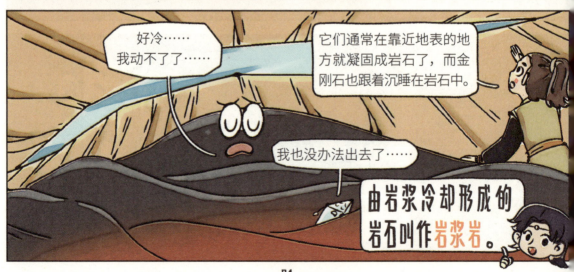

当这里再次发生剧烈的板块运动——比如地震的时候,地下的岩石便会不断交错震动。

许多美丽的宝石也属于矿物！

比如，红宝石和蓝宝石的主要成分都是氧化铝。

而钻石则是纯净的碳！

其实，人类已经学会人工合成钻石了！利用现代发达的技术，人们甚至可以从煤中提取碳元素来合成人造钻石哦。

江湖往事

根据《列子》中的记载，周穆王讨伐西戎时，得到了一柄『锟铻之剑』，描述其『刀长有咫，切玉如泥』，现代学者猜测这柄『锟铻之剑』就是钻石制品。晋朝《起居注》中记载了『咸宁三年』，敦煌上送金刚生金中，百淘不消，可以切玉，出天竺』，这明确记述了这枚钻石产自印度。由于科学技术尚不发达，中国古人无法将钻石打磨出今天的光彩，故除了少数王公贵族可以从国外得到璀璨的钻石饰品外，绝大多数人仅仅将金刚石当作打磨工具使用，最常见的就是将其作为补瓷器的钻头，甚至还记入俗语中，即『没有金刚钻，别揽瓷器活』。

米莱童书

　　米莱童书是由国内多位资深童书编辑、插画家组成的原创童书研发平台。旗下作品曾获得 2019 年度"中国好书",2019、2020 年度"桂冠童书"等荣誉;创作内容多次入选"原动力"中国原创动漫出版扶持计划。作为中国新闻出版业科技与标准重点实验室(跨领域综合方向)授牌的中国青少年科普内容研发与推广基地,米莱童书一贯致力于对传统童书进行内容与形式的升级迭代,开发一流原创童书作品,适应当代中国家庭更高的阅读与学习需求。

策 划 人: 刘润东　魏诺　韩茹冰

原创编辑: 朱梦笔　梁世安

漫画绘制: Studio Yufo

专业审稿: 北京市育才中学地理教师,
　　　　　　北京市西城区骨干教师　武娜

装帧设计: 刘雅宁　张立佳　马司文　汪芝灵